KHACHATURIAN

CHILDREN'S ALBUM, BOOK 1 "Pictures of Childhood"

ハチャトゥリャン　こどものアルバム 第1集 "少年時代の画集"

校訂 伊達 純

ex-VAAP AGENTS

●Boosey & Hawkes Music Publishers Ltd.
for the United Kingdom and British Commonwealth (except Canada)
and Republic of Ireland
●Les Editions Le Chant du Monde, Paris
pour la France, la Belgique, le Luxembourg,
l'Andorre et les Pays francophones de l'Afrique
●Musikverlag Hans Sikorski, Hamburg
für Deutschland, Dänemark, Griechenland, Island, Israel,
Niederlande, Norwegen, Portugal, Schweden,
Schweiz, Spanien und Türkei
●Fennica Gehrman, Helsinki for Finland
●BMG Ricordi S. p. A., Milano per Italia
●G. Schirmer, Inc., New York
for the United States of America, Canada and Mexico
●Universal Edition A.G., Wien, für Österreich
●Zen-On Music Co., Ltd., Tokyo, for Japan

表紙背の★印はグレード表示です。
★1つが一課程を表わしています。

全音楽譜出版社

ハチャトゥリャン　こどものアルバム 第1集
"少年時代の画集"

●————目次 CONTENTS

········ **この曲集について** ········

千 蔵 八 郎

全音楽譜出版社のゼンオン・ピアノ・ライブラリーからは，近・現代作品シリーズとして，現代曲を逐次発刊しているが，著作権の関係で思うように日本では出版されない状況にあるので，その点ではおおいに期待したいと思う。ここで，ピアノのレッスンにおける現代曲のあつかいというものについて少し考えておきたいと思う。もちろん，一般的な演奏用のレパートリーは別として，学習用に用いられる教材，とくにこどもの教育用に使用する場合のことについて考えてみたい。

現代曲の扱いについて――先生がたへ

いわゆる現代曲をピアノの学習のなかに取りいれる場合に，いまの程度でなら，この曲もひけそうだということだけで，安易にカリキュラムのなかに組みこんでしまうことは，実はたいへんな危険だということをよく認識しておいてほしいと思う。

なんといっても，現代曲では音楽の構成が，古典派ないしはロマン派的なそれとまったく異ってできているからである。たとえば，第1曲の説明にあるように，フレーズの形成にしても，古典派的な楽曲における動機設置とはちがった形で行なわれることが多いので，標準的な形式性を十分に認識する以前に，いきなりそうした現代的なものにはいってしまうと，フレーズに対する形式感の把握に動揺をきたしてしまうからである。

しかし，人によっては，古典派的ないしはロマン派的な形式感が固定しすぎてしまうと，現代曲のような新しい審美感に拒絶反応を示してしまうので，あまりそれに対する徹底した教育は行なわないほうがよいという意見を表明する人もないではない。たしかに，それも一理あるが，基礎的なテクニックとの結びつきにおいて取り上げる教材曲といったものは，やはり，なによりもわかりやすいといったことが前提となるべきだと思うので，その点での吟味は必要だろう。問題はそのあたえかたと，その取り扱いかたといったことにあると思う。

現代曲の特徴――教材として考えた場合

現代曲といった場合に，どこからをそれと考えるかは別として，常識的なことでいえば，古典派ないしはロマン派の作品と作りかたが異っているものといういいかたで表わすことができるだろう。調性のない音楽（つまり無調）は，こども用の作品にはほとんどないといっていい。しかし，調性はあっても，その表わし

かたが，古典派やロマン派のものほど明確に固定されてなかったり，中心音的な調性（主音ではないということ。あるいは，長調とか短調とかいう区別のないこと。この場合にはハ長調といわずにハ調という）によったりする場合もある。あるいはまた，民族的な音階や旋法的な旋律形成，それに多調的（複調も含めて）な作りかたといったものもあって，その様相はさまざまである。

また，フレーズ構成にしても，古典派やロマン派のものでは，だいたいが2＋2といった動機の連結によってそれが行なわれ，その4小節を2つつなぎ合わせて8小節とするといったごく基本的な審美感にもとづいて主題も形成されていく場合が多いが，現代曲では3小節とか5小節とかいったフレーズも作られるし，しかも，それが3＋3や5＋5という形にならないで，3＋2や5＋6といった不規則な集合体の形をとることも多い。

拍子ないしはリズムの点でも，同じように多様で，5拍子や7拍子などの出てくるのはごくあたり前のことであるし，主題そのもののなかに，異った拍子が一時的に挿入されたりする場合もめずらしくない（たとえば，この曲集の第10曲のフゲッタの主題）。しかも，第1曲のような左右相称のリズム構成をはじめとして，古典派音楽のような一定のくり返しという感覚ではついていけないような場合も多い。

和音にしても，伝統的な和声学における基本的な三和音を自由に変化して用いたり，古典派の音楽でなら，ごく普通の音階構成音として用いる音に，臨時記号をつけて変化したりで，理論的というよりはむしろ多分に感覚的な扱いとなっているので，そういう点でも，曲に対する扱いというものがおのずから異ってくるだろう。

この曲集の第7曲に用いられているような一定の音型のくり返し的な使用，つまりいわゆるオスティナート的な用いかたというのも，現代曲における1つの大きな特徴である。もちろん，そうしたことは，古典派やロマン派の作品にも見受けられるものであるが，現代曲の場合には，それをやや機械的（あるいは物理的にといってもいいだろう。むずかしくいうと非情的）に用いて，一種の運動性（Movement）を表わすという点で前者とはまったく異なっているのである。それは，こども用の作品としてのプロコフィエフの「こどもの

6

ための音楽Op. 65」にもいくつかの例がみられるし，彼のソナタにはそのもっとも典型的な例がみられる。

　したがって，現代曲の場合には，その作品の内容によっては，ペダルも必然的な要素として考えなければならない場合も生じてくる。

レッスンへの現代曲の導入

　現代曲をレッスンに導入するのには，2つの方向があると思う。その1つは，あくまでも現代曲への一般的な認識と接近という意味での，あまりかた苦しくない態度。もう1つは，レッスンによるテクニックの養成（もちろん音楽的ということも含めて）に直結したいきかたである。この場合には，教材の選択に多少の慎重さが必要だろう。われわれもまた現代に生きているのであるから，同時代的な音楽を認識せずに，古典への正しい把握もないと考えなければならないから，現代曲をむしろ積極的に取り上げるべきだと思うが，それにはやはり，上述のような諸点を考慮してみる必要があるだろう。

　このハチャトゥリャンの曲集には，ほとんど急進的なところはなく，上述の意味におけるどちらの場合にも利用できて，きわめて手頃な教材と考えられる。

この曲集の程度と内容

　いわゆるグレードということでこの曲集を表わすとすれば，やはりソナチネ程度ということになろう。曲の作りかたからみて，カバレフスキーの諸作品のように，あまり「こどものため」ということを直接的に考えて作ったものではないように思える。

　音楽的な表現はともかくとして，はじめの2曲ぐらいなら，ツェルニー100番程度でもひけるだろうが，そのほかでは，ツェルニー30番ぐらいでないとむり。とくに第9曲のインベンションや最後のフゲッタなどは，少くとも，バッハの「小前奏曲」あたりを1つか2つやっていないと音楽的にも演奏表現が困難だろう。また，第3，4曲などでは，調号を用いないで，すべて臨時記号として書いてあるので，読譜力がある程度ついていないと練習にはいりにくいということも考えられる。クラウス・ウォルタース（Klaus Wolters）は，「ピアノ独奏曲のハンドブック」（Handbuch der Klavierliteratur zu zwei Händen）のなかで，この曲集のグレードを，ベートーヴンのへ長調のソナチネ程度から，ツェルニー40番ぐらいまでの範囲に相当するものと指示しているが，ツェルニー40番ぐらいの能力があったら，現代曲としてのおもしろさも十分に把握して表現することができるだろう。

　全体は10曲から成り，それぞれに標題がつけられていて，版によってその表現に多少のちがいはみせているが，内容的にはほぼ同じである。MCA版では8曲（最後の2曲が収録されていない）となっているが，Peters 版では10曲（ただし，順序に多少のちがいがある），Anglo-Soviet 版でも10曲である。また，MCA版では "Adventure of Ivan"（イワンの冒検あるいはイワンのお話の意）と標題的なおもしろさで表わしている。

　曲集名は「少年時代の画集」となっているが，前にも述べたように，かならずしも「こどものため」という意味をそれがもっているわけでもなく，さりとて，シューマンの「こどもの情景」ほどに徹底した標題音楽としての取り扱いも行なわれてはいない。MCA版には，"8 Pieces for Students"（学習者のための8曲集）と記されているように，中程度の技巧をもつ学習者のための練習曲ないしは演奏曲を集めたものと考えておけばいいだろう。

　10曲のうち，第1曲だけが1926年（ハチャトゥリャンはこのとき23歳），ほかの9曲はいずれも1947年の作曲である。

ハチャトゥリャンについて

　ハチャトゥリャン（Aram Khachaturian 1903～1978）は，カバレフスキーやショスタコヴィチなどと，旧ソヴィエト連邦を代表する作曲家で，コーカサスのアルメニア地方の出身のためか，3人のなかでもとくに民族色の強い作風をみせている。

　はじめモスクワのグニェシン音楽学校でチェロと作曲を学び，1929年からはモスクワの国立音楽学校にはいってさらに勉強をつづけ，1934年に卒業作品として第1交響曲を書いている。以後，彼の代表作として知られる第2番の交響曲，ピアノ，バイオリン，チェロの各協奏曲などを書いて，国際的にも高く評価されるようになっていったが，なんといっても，彼の名をポピュラーな意味で有名にしているのは，1942年に書いたバレエ音楽「ガイーヌ」である。この作品は，1943年度のスターリン賞第1位を得ており，このピアノ曲集でも，そのなかの1曲が取りいれられている。

　しかし，ハチャトゥリャンはピアノ曲をそれほど多くは書いていない。よく演奏される「トッカータ」（1932），ピアノ協奏曲（1936）のほか，若い時代に書いた「2つのピアノ曲」（1926年。ヴァルス・カプリスと舞曲の2つからなる）〔舞曲は1933年に書かれ，のちに2曲を合せたものらしい。〕詩曲（1927），2台のピアノのため

の組曲(1945), ソナチネ第1番(1959), ソナタ(1961), こどものためのアルバム(1964)などと, この「少年時代の画集」ぐらいしかない。最後の「こどものためのアルバム」とこの作品を除いては, いずれもむずかしく, 一般の学習者の間ではあまり利用されることはないようである。

1. 小さな歌(アンダンティーノ) A Little Song (Andantino)

18小節めからを後半部とする2部形式でできているが, 前半17小節, 後半12小節と小節数はやや不規則。しかし, 旋律そのもののフレーズは4小節単位なので, その点では, とらえにくいというようなことはない。はじめの1小節は序奏。2-5小節が第1フレーズ。以下6-9, 10-13, 14-17小節とどれも4小節であるが, いずれもそのリズム進行に一種の鏡像(Spiegelbild)をみせている。2-3小節におけるリズム進行を, つづく4-5小節では, その間にちょうど鏡をおいて写し出したような形をとっている。

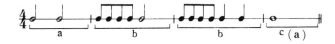

古典派的な音楽では, こういう場合には次のようになっていることが多い。

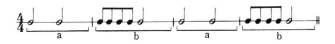

バルトークのこども用の作品などにもこうした例は多く, 現代技法の1つである。古典派的な音楽のフレーズ感覚でいうと, ちょっとちがった感じを受けるだろう。

17小節めは, Gの音をCよりも上にとっているだけのことで, 実際には2小節めに同じで, ここからがいわば主題の再現であるから, そういうつもりでひくことが大切である。

調性的なことでいえば, ハ短調として受けとめてよいと思うが, 和音的にも, 旋律進行にも現代的な変化が加えられているし, 旋法的(したがって民族的)な動きをみせるところもある。最後の終止音は, 第3音ぬきの5度で, ここだけでは長短調の区別はつけられない。こうした使いかたも現代技法の1つとして記憶しておくといいだろう。

2. スケルツォ Scherzo

はじめの4小節は下行形の分散和音で, 5小節めから旋律的な進行が聞こえてくるが, あとからのことを考えると, この1-4小節は序奏でなく, やはりこれも含めての楽想と受けとるべきだろう。

全体はABAにコーダの3部形式。最初のAは1-28小節間で, その内容は(a4+b8)と(a4+c8)の12小節ずつの2つのフレーズとcの延長的経過部分とから成る。17-20小節間の左手は, 音符の符尾でもわかるように, ここだけは2拍子にリズムがきざまれているので注意のこと。

29小節めからが中間部で, 29-36小節間が37-44小節間で完全4度高くくり返されるだけのことで同内容。それに敷衍(ふえん)的な数小節がつづいてAの再現。コーダは1-4小節間の下行分散和音を用いて, いくらかはなやかな感じにしたあと静かな終止を聞かせる。終止はハ長調の主和音。

MCA版では「イワンはきょうは出かけない」, Peters版では「きょうは散歩に出かけない」といった標題をつけているが, むしろ, ここはスケルツォそのままで受けとめておいたほうがいいだろう。はっきりしたタッチで闊達(かったつ)にひくこと。

3. お友だちは病気 My friend is unwell

前後半とも16小節ずつの2部形式で, 後半でのあと半分は前半と少しちがえて, 終結的な扱いとなっている。和音的な曲である。

古典派的な楽曲の場合とは少しちがっているが, それでも, やはり右手のひく和音の最上声部に旋律線の流れをおいているので, その点の意識は大切。左手は下行して上行するカーブを描いていくフレーズと, 同音を打ちかえしていく部分とに分かれているので, それぞれの表現を考えることが必要だろう。

調号は書かれてないが, すべて臨時記号として書きこまれているので, 読譜には注意のこと。変ホ短調と考えていいだろう。

4. 誕生日のパーティー Birthday Party

標題から考えても, これは明らかにワルツ。右手が和音をきざみ, 左手に旋律進行が記されるところを中間部とする3部形式である。

はじめの4小節は序奏。5-12小節が主要楽想。つづく13-20小節は, 先行する8小節を長2度低く移しただけのことであって, これは次のフレーズでは, またもとの高さに戻る。こうした旋律の扱いは現代技法ではしばしばみられるもので, 機能和声における転調というのとは少しちがっている。理論的によりは, 感覚的にそれに馴れることも, こうした現代曲をひくと

きには大切である。

a tempo のあとの *marcato* とあるところからを中間部と考えればいいだろう。左手が旋律進行を受けもつ。そして、この部分の最後の4小節に、1-4小節の序奏のような音の動きを聞かせてから、ワルツの主要楽想を再現してくる。そして、$\frac{2}{4}$ が1小節挿入されて $\frac{3}{4}$ と変わったところからがコーダになる。全体的にいって、調号は使用されてなく（ホ長調）、すべて臨時記号となっているので、第3曲の場合と同じように、音のミスのないように注意すること。そういう意味でも、この曲集の中では、ややむずかしい曲といえる。

5. エチュード Etude

現代音楽のなかにはよく見受けられる運動的な曲である。右手はともかく、左手のひく音型的な動きを、スタカートをつけて、あくまでも軽快にどこまでひけるかが、この曲をじょうずに演奏できるかどうかのカギになるだろう。

後半になって、最初と同じモティーフが出てくるので、やはり全体は3部形式として考えていいだろうが、内容からいって、これはABAという形ではなく、AA′Aという形式と考えることができる。22小節めからは、それまでを完全5度低めて、いくらか変化してほぼ同内容を奏していくだけなので、AではなくA′と考えるのである。Aは（したがってこの曲自体が）ハ短調であるが、このA′はへ短調である。

30-35小節は、9-12小節の音の動きを、完全5度低めて、それぞれの音符の長さを半分にして（つまり縮少して）表わしている。このモティーフの縮少という技法は、フーガにもしばしば用いられるものであるが、現代音楽でもよく出てくる形である。次の譜例によって理解しておくといい。

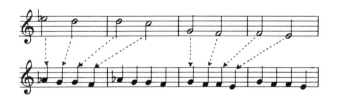

右手のひく2分音符の音は、あくまでも明確に1つ1つをはっきりとひくことが大切だと思うが、こういう曲では、なによりもそのメカニズムを十分に表出することである。

6. 昔のお話 Legend

この曲も3部形式。Poco più mosso の部分がもちろん中間部である。主部第1部の8小節では、そのロ

シア的な音の動きに、なにか民俗的なものが感じられ、中間部では、やや舞踏的な扱いがみられる。主題の再現は、そのはじめでは、冒頭のときの半音低い位置に現われるが、あとになって同位置になって主題そのままの再現が行なわれる。

主部では、深い感じの響を十分に出してひき、中間部ではいくらかアクセンティヴなひきかたがいいだろう。調号はないが、ト短調が主体。

7. 木馬 The little horse

もちろんメリーゴーランドの木馬のことだろう。右手（中ほどでは左手）が一貫してきざんでいく音型が、いかにも動的で回転していく木馬を思い起こさせる。

MCA版では、この音型を次のように指示しているが、少し考えすぎのようにも思える。あまり感心はできない。（校訂はアルフレッド・ミロヴィッチ）

はじめの2小節は前奏。3小節めから、左手にはぎれのいい旋律が現われる。28小節めからはこの旋律が右手に移る。この旋律には、指示のあるように十分なアクセントをつけて、ややドラマティックにひくといいだろう。

8. フォーク・ダンス（ギャロップ）In folk dance style（Gallopade）

原名では「フォークダンスのように」の意味になる。はじめの4小節は序奏で、5小節めからが主題。ここでの右手で、はじめに付点8分休符をおくリズムは、なかなかにむずかしく、ソルフェージ的というより、感覚的なものに支配されるだろう。主として、右手は2声で動くが、上声部の旋律表出に注意すること。腕を固くしないで、このリズミカルな主題をできるだけ軽快に表現する。

主題は、5小節め、21小節め、47小節め、63小節めと4回現われてきて、いかにも舞踏曲らしいくり返しをみせるが、8小節程度のフレーズとしてとらえると $A_8B_8A_{12}$（経過部を含む）$C_{14}A_8B_8A_{17}$（コーダを含む）というロンド形式になる。

9. バレエのひとこま（インベンション）A glimpse of the Ballet（Invention）

ハチャトゥリャンの有名なバレエ「ガイーヌ」のなかの音楽をもとにして作られたもので、管弦楽用の編曲では第2組曲の第3曲となっている。そして、それには「ガイーヌのアダージョ」と標題がついているが、

ガイーヌは，いうまでもなくこのバレエの女主人公の名であり，アダージョは，バレエ用語のそれ（女主人公のゆるやかな踊り）として用いられている。原曲では，この主題はチェロで奏されるので，音域からいっても，それに近い表情を考えてひいてみるといいだろう。

かっこ内のインベンションというのは，この曲の書法がそれによってまとめられているところからの補助的な標示と考えられるが，バッハのインベンションほどには，厳格に模倣法が用いられているわけではない。はじめは左手だけでひいていき，10小節めからそれを右手が受け，12小節めから2声になり，以下インベンションふうにまとめられていく。その書法からくるのであろうが，スラーが細かくつけられているので，その点でのフレージングには注意することが大切である。

曲のはじめに指示してある *rubato* は，「一楽句中のテンポを自由に加減して演奏すること」をいうが，それはあくまでも音楽的に処理していくという範囲内でのことであって，そういう意味でも，前記したように，チェロのような，いいかえれば弦楽器的な表現を考えてみるといいかもしれない。

10. フゲッタ　Fughetta

フゲッタは小規模のフーガのこと。Peters 版では単にフーガとしてある。4小節にわたる主題が，5小節めから上声部に模倣されて(応答)，2声のフーガとしてまとめられていく。楽譜中に，かぎかっこで主題の出現を指示してあるので，練習にはいる前に，主題をよく認識できるようにアナリーゼをしておくといいだろう。

33小節めからの左手のひく旋律（*marcato* とあるところ。かぎかっこの指示がある）は，主題の拡大である。減5度低い位置ではじめていて，両声部に交互に受け渡しされていくので，それを示すために点線での指示がある。

Pictures of Childhood

1. A Little Song

（Andantino）

Aram Il'ich Khachaturian
（1926）

To Renik

2. Scherzo

(1947)

Allegro moderato ♩.=66

To Renik

3. My Friend is unwell

(1947)

To Talya

4. Birthday Party

(1947)

To Talya
5. Etude

Allegro moderato ♩ = 92

(1947)

To Rita

6. Legend

(1947)

Lento ♩ = 69

To Vladik

7. The Little Horse

（1947）

To Nunya

8. In Folk Dance Style
(Gallopade)

Allegretto ma non troppo ♩. = 66

(1947)

9. A Glimpse of the Ballet

(Invention)

Adagio from the Ballet "Gayaneh"

(1942)

Adagio ♩ = 60

To Nunya

10. Fughetta

Allegro moderato ♩ = 112

(1947)

難易度別教本・曲集一覧 2

	初級・第2課程		中級・第3課程	
練習曲・テクニック	ツェルニー・百番練習曲Op.139 ツェルニー・第一課程練習曲Op.599 ツェルニー・リトルピアニストOp.823 ツェルニー・百十番練習曲Op.453 ツェルニー・125のパッセージ練習曲Op.261 ★ツェルニー・初歩者のためのレクリエーション トンプソン現代ピアノ教本(2) ストリーボッグ・やさしい2つの練習曲Op.63・64 ルクーペ・ピアノのアルファベットOp.17 ルクーペ・ピアノの練習ラジリテ Op.20★ ルモアーヌ・こどものための50の練習曲Op.37★ 全訳ハノンピアノ教本★ テーケ・ピアノテクニック(2) デュベルノア・2つの練習曲Op.176★	ブルグミュラー・25の練習曲Op.100 ピアノのお友だち(3)エチュード プレディー・ピアノ教本(テクニック)★ ★こどものツェルニー(田村編) ★48の基礎練習曲集・リトルピシュナ ★わたしはピアニスト・ピアノテクニック1・2★ リラ・フレッチャーピアノコース3・4	ツェルニー・30番練習曲Op.849 ツェルニー・小さな手のための25の練習曲Op.748 ツェルニー・左手のための24の練習曲Op.718 ツェルニー・8小節の練習曲Op.821★ ヘラー・25の練習曲Op.45 ルクーペ・ツェルニー40番への準備練習曲Op.26 ベルティーニ・25のやさしい練習曲Op.100 トンプソン・現代ピアノ教本3・4 ブルグミュラー・18の練習曲Op.109 ★ルクーペ・ピアノの練習ラジリテOp.20 ★ルモアーヌ・こどものための50の練習曲Op.37 ★デュベルノア・2つの練習曲Op.120 ★全訳ハノンピアノ教本★ テーケ・ピアノテクニック(3)	★プレディー・ピアノ教本(テクニック) ★48の基礎練習曲集・リトルピシュナ ベートーヴェン指の訓練と楽想の断章★ ★クラック・オクターブ奏法の練習曲 ベレンス左手のトレーニング★ ヘラー・リズムと表現のための練習Op.47
複音楽	★バッハ・クラヴィーア小曲集(市田編) バッハ・アンナマクダレーナのための　クラヴィア小曲集 バッハ・小プレリュードと小フーガ★ ★L.モーツァルト・ナンネルの音楽帳	バロック名曲集(上) ★プレ・インベンション	バッハ・インベンションとシンフォニア(ビショップ)★ バッハ・インベンションとシンフォニア(市田編)★ バッハ・インベンション ★バッハ・小プレリュードと小フーガ★	バロック名曲集(下)
古典	ソナチネ・アルバム1・2★ こどものソナチネ(田村宏編) ツェルニー・ソナチネアルバムOp.163・49★ クレメンティー・ソナチネアルバム★	モーツァルト音楽のサイコロ遊び モーツァルト幼年時代の作品集・ロンドンの楽譜帳★ ディアベルリ・ソナチネアルバム★	★ソナチネ・アルバム1・2 ★ツェルニー・ソナチネアルバムOp.163・49 ★クレメンティー・ソナチネアルバム ★ディアベルリ・ソナチネアルバム モーツァルト・6つのウィーン・ソナチネ	★モーツァルト幼年時代の作品集・ロンドンの楽譜帳★ モーツァルト・アイネ・クライネ・ナハトムジーク ベートーベン・ピアノ名曲集★
ロマン	★こどものブルグミュラー ★こどものランゲ ★こどものストリーボッグ ★こどものシューマン こどものチャイコフスキー ★プレスラウアー・やさしいピアノ小品集Op.46 ★ケーラー・こどものお友だちOp.243 ★ケーラー・こどものためのアルバムOp.210 ★グルリット・こどもの音楽会Op.210	★グルリット・こどものためのアルバムOp.140 グルリット24の旋律的練習Op.131 グルリット・24の調による練習曲Op.201 チャイコフスキー・こどものためのアルバムOp.39 クラック・こどもの生活★ シューマン・ユーゲントアルバムOp.68★	★クラック・こどもの生活 ★シューマン・ユーゲントアルバムOp.68★ ランゲ・ピアノアルバム メンデルスゾーン・こどものための小品集 グリーグ・ピアノ名曲集1★ ベルティーニ・24の小品集Op.101 メリカントピアノ小品集 ムソルグスキーピアノ作品集	
近・現代	ハチャトゥリアン・少年時代の画集★ カバレフスキー・こどものための　ピアノ小曲集Op.27★ ★ギロック・こどものためのアルバム ★ギロック・発表会のための小品集 ギロック叙情小曲集★	ハチャトゥリアン・こどものアルバム カバレフスキー二つのソナチネOp.13-1・2 カイエ・ドウ・ルモアンヌ2・20のやさしいピアノ作品	カバレフスキー・6つのプレリュードとフーガ　Op.61★ カバレフスキー・6つの小曲集こどもの夢Op.88 ★カバレフスキー・こどものためのピアノ小曲集Op.27 マクダウエル・森のスケッチ★ シベリウス・ピアノアルバム★ シベリウス8つの小品 ★ギロック叙情小曲集	フォーレ・ピアノ小品集★ ドビュッシー・ピアノ小品集★ ★ハチャトゥリアン・少年時代の画集 ハンニカイネン・ピアノアルバム★ パルムグレン・ピアノ名曲集 エリック・サティ・ピアノアルバム
曲集	★ピアノコスモス1・2・3★ ★バイエルの友・ピアノ小品55曲集1 ソナチネの友・ピアノ小品55曲集2★ ★わたしはピアニスト2・3★ バイエル併用音楽性を豊かにP曲集2 ★やさしいピアノ小品集1・2 ピアノのお友だち2 タレントピアノ指導集2	コスモスシューレ2・3★ 全音ピアノ名曲100選・初級編★ こどもはピアニスト2 ラーニング・トゥ・プレイ・ロック・リズム・ラグタイム2 ★かわいいピアニスト2 ★かわいいコンサート　　（下）	★全音ピアノ名曲100選・初・中級★ ピアノコスモス3 ★ソナチネの友・ピアノ小品55曲集2 ★わたしはピアニスト3 ピアノの宝石箱1★ ★子供音楽会ピアノ名曲集(中級) 表現のためのピアノ曲集	★かわいいピアニスト5 全音ピアノピースベストセレクション101①〜
連弾・2台	ツェルニー・50の連弾練習曲Op.481★ ★タレントピアノ連弾集 ピアノ連弾曲集2 わたしはピアニスト連弾集2 こどものれんだん(田村宏編) ★ディアベルリ・ピアノ連弾曲集1Op.149 ★ディアベルリ・ピアノ連弾曲集2Op.163★ ディアベルリ・ピアノ連弾曲集3Op.24・54・58・60★ ★ディアベルリ・ピアノ連弾曲集4小ソナタ軍隊ロンドOp.150	デュセック三つの連弾ソナタ★ ストラビンスキー・ピアノ連弾のためのやさしい小品集★ シューマン・こどもの舞踏会Op.130★ 2台のピアノ・ブルグミュラー25の練習曲★ グルリット・2台のピアノ8つの小品★ ラーニング・トゥ・プレイ・ふたりでたのしく2 ピアノ絵本館①チャイコフスキーくるみわり人形 ピアノ絵本館②チャイコフスキー白鳥の湖 ピアノ絵本館③チャイコフスキー眠れる森の美女	★こどものれんだん(田村宏編) ★ディアベルリ・ピアノ連弾曲集1Op.163 ★ディアベルリ・ピアノ連弾曲集3Op.24・54・58・60 ★シューマン・こどもの舞踏会Op.130 ★ストラビンスキー・ピアノ連弾のためのやさしい小品集 ★2台のピアノ・ブルグミュラー25の練習曲 ★ピアノ絵本館①チャイコフスキーくるみわり人形 ★ピアノ絵本館②チャイコフスキー白鳥の湖 ★ピアノ絵本館③チャイコフスキー眠れる森の美女	★ツェルニー・50の連弾練習曲 ★デュセック三つの連弾ソナタ ビゼーこどもの遊び モシュコフスキースペイン舞曲集 モーツァルト=グリーク2台のPソナタと幻想曲 ★ピアノ絵本館⑨モーツァルト魔法の笛 別宮貞雄北国の祭り(連弾)
邦人作品	助川敏弥・ちいさな四季 ★間宮芳生・にほんのこども1・2★ 安部幸明・夢の世界	寺原伸夫・こどもの夢と世界 ピアノ絵本館④マッチ売りの少女	★間宮芳生・にほんのこども2 湯山昭・お菓子の世界★ 入野義朗・ピアノ作品集★	毛利蔵人10のエチュード 松平頼則ピアノ作品集★ 青島広志ピアノのための泰西名画集

書名頭の★印は前課程と書名の後の★印は次課程と併用します。

ハチャトゥリャン　こどものアルバム第1集
少年時代の画集　●
全音楽譜出版社出版部編

発行 —— 株式会社全音楽譜出版社
———— 東京都新宿区上落合2丁目13番3号〒161-0034
———— TEL・営業部03・3227-6270
———— 出版部03・3227-6280
———— URL　http://www.zen-on.co.jp/
———— ISBN978-4-11-160910-9

2401054